**HENRI HAUSER**

# La Patrie, la Guerre et la Paix à l'École

PARIS

ARD CORNÉLY ET Cie, ÉDITEURS

101, RUE DE VAUGIRARD, 101

—

1905

# LA PATRIE,
# LA GUERRE ET LA PAIX
# A L'ÉCOLE

ÉMILE COLIN ET C^ie — IMPRIMERIE DE LAGNY

HENRI HAUSER

# La Patrie, la Guerre et la Paix à l'École

PARIS
ÉDOUARD CORNÉLY ET C^IE, ÉDITEURS
101, RUE DE VAUGIRARD, 101

1905

# PRÉFACE

Les trois articles réunis dans cette brochure ont été écrits à la fin de 1904. Ils n'ont d'autre importance que d'être un témoignage sur cette « crise du patriotisme à l'école » autour de laquelle il est mené tant de bruit, à l'heure actuelle, dans nos gazettes pédagogiques et politiques.

Pour les présenter au public, il m'a paru indispensable de conter comment j'avais été amené à les écrire. De là, le caractère d'autobiographie qu'a revêtu, malgré moi, cette introduction. J'en demande pardon au lecteur. J'espère qu'il voudra bien reconnaître que je ne pouvais guère faire autrement, et que ces notes, où paraît trop souvent un moi toujours haïssable, sont une modeste, mais utile contribution à l'histoire contemporaine de l'enseignement primaire en France.

Il m'excusera également d'avoir fait cette introduction plus longue que le texte qu'elle annonce. Je n'ai pas trouvé le moyen de la faire plus courte.

# LA PATRIE

## LA GUERRE ET LA PAIX A L'ÉCOLE

---

## INTRODUCTION

---

### I

#### QUESTION DE PAPETERIE

Le 30 septembre 1904, au cirque d'Amiens, le Congrès de la Ligue de l'Enseignement tenait sa deuxième séance plénière. Parmi les rapports présentés au Congrès par ses commissions, il s'en trouvait un qui visait la modification et la suppression de deux choses : d'une vignette — une mère, un enfant qui lit, et un jeune guerrier, tous trois prêtant le serment civique autour de l'autel de la patrie — et d'une devise : *Pour la patrie, par le livre, par l'épée.*

Le rapport et les discours qui concluaient ainsi étaient tout débordants d'enthousiasme pacifiste. Ils maudissaient la guerre, ils exaltaient la paix, ils conviaient les éducateurs à déclarer la guerre à la guerre. L'épée, symbole de meurtre et de destruction, leur paraissait indigne de figurer plus longtemps sur les publications, les en-têtes de lettres, les diplômes d'une ligue dite de l'Enseignement, et chacun des orateurs criait au bureau de cette ligue :

> Cachez, cachez ce fer que je ne saurais voir !

La situation du bureau était gênante (1). Il se composait d'hommes dont quelques-uns avaient été les compagnons d'armes, et beau-

(1) Voy. *Bulletin de la Ligue de l'Enseignement*, n° 211, pp. 374-388.

coup les disciples immédiats de Jean Macé. Avec Jean Macé, ils avaient essayé, il y a trente et quelques années, de refaire la France « par le livre et par l'épée ». Et, bien qu'en de certains groupes qui se disent avancés on hésite à « pardonner » à ces hommes de cœur leur rôle d'alors, ils n'étaient pas d'humeur à brûler ce qu'ils avaient adoré. D'autre part, ils avaient à diriger les destinées d'une fédération qui avait fêté récemment l'adhésion de sa trois millième société affiliée. Dans ces trois mille et quelques sociétés la mode était — ou semblait être — au pacifisme. Le bureau de la Ligue pouvait-il ne pas tenir compte de cette mode ? Ne devait-il pas louvoyer sous le vent adverse pour éviter de briser la mâture ?

Dans un très noble et beau langage, le président rappela l'histoire ancienne, l'histoire glorieuse de la Ligue, « manifestation de ce premier et élémentaire patriotisme qui était nécessaire pour vivre, pour que la France, dans cette heure atroce, ne proclamât pas elle-même sa déchéance, n'en prît pas et n'en fit pas prendre acte au monde. »

Puis, après ce grand coup de chapeau tiré au passé, « un passé, dit-il, que nous ne renions pas », le président passa au temps actuel. Il ne condamna pas la vignette et la devise incriminées. On ne peut même pas dire qu'il plaida pour elles les circonstances atténuantes. Il se contenta de dire qu'elles n'avaient pas d'existence officielle, que jamais la Ligue n'en avait officiellement ordonné l'impression sur ses actes officiels. Les faire disparaître, qu'était-ce? Une simple opération de bureau, analogue à celle qui consisterait à modifier le caractère, le dispositif, le libellé, le papier des circulaires. Le Congrès ne pouvait s'occuper de ces minuties...

On allait donc voter sur une équivoque. Les uns pouvaient se dire qu'en somme, puisqu'il ne s'agissait que d'une question de papeterie, rien n'était changé; la Ligue restait aujourd'hui ce qu'elle était hier. Les autres se préparaient à triompher, à représenter la concession présidentielle comme un demi-désaveu du passé, comme une sorte d'amende honorable. Ils étaient si sûrs de leur victoire que tous n'étaient pas restés là, qu'ils avaient quitté le Congrès pour se rendre à une autre réunion, et que, dans le cirque immense, la nuit commençait à descendre sur des bancs déjà clairsemés. L'heure était venue de proclamer définitivement, irrévocablement, la déchéance de l'épée.

Mais quelqu'un troubla la fête... Ce congressiste hésitait à prendre la parole, à jeter la division dans une grande et utile association. Il hésitait d'autant plus que son intervention pouvait sembler dirigée contre un homme pour lequel il n'a que des sentiments d'affection et de respectueuse estime, pour le président de la Ligue. Mais il le fallait. Personne ne demandait la parole. Et cependant, dans bien des groupes, on sentait comme un malaise, le malaise que fait peser sur des âmes franches la douteuse équivoque. Ce congressiste savait que son propre passé, ses opinions, ses relations avec le milieu primaire pouvaient donner quelque autorité à ses paroles. Il parla donc, et dit à peu-près ceci (1) :

« Je ne voudrais pas, si avancée que soit l'heure, laisser le Congrès sous l'impression qu'une question aussi grave que celle-ci est une question de papeterie : il s'agit en réalité de tout autre chose.

« Il s'agit de savoir si la Ligue veut rester fidèle à un idéal tracé au moment de sa constitution, ou si, pour des raisons qu'elle a le droit d'avoir, elle change d'attitude.

(1) Je cite ces paroles d'après la sténographie du *Radical*, reproduite depuis dans le compte rendu officiel du Congrès. Je me borne à rétablir ou à corriger des mots sautés ou mal compris par les sténographes. Il est visible, par exemple, que le mot « Doukhobor » était étranger à leur vocabulaire. Quiconque, d'ailleurs, a eu l'occasion de parler et de voir ensuite la sténographie de ses propres paroles, sait à quel point la sténographie est une science inexacte. Ces paroles, je ne les rapporte pas ici, — est-il besoin de le dire? — pour le plaisir de rendre un peu plus durable ce qui fut l'improvisation d'un instant, mais parce qu'elles ont marqué un moment de la « crise ».

« M. le président, dans un langage à l'éloquence duquel on ne peut que rendre hommage, a rappelé le passé de la Ligue, et, avec un courage plus méritoire qu'on ne le suppose, n'a rien renié de ce passé dont il a fait partie. Dans ses fonctions antérieures, il a joué comme éducateur national un rôle qu'on lui reproche aujourd'hui dans certains cénacles soi-disant avancés.

« Non, mon cher président, vous n'avez rien à regretter. Le jour où vous avez envoyé à tous les instituteurs ces instructions qui sont dans toutes nos mémoires, où vous avez suscité cet admirable mouvement qui a relevé la France devant l'étranger et qui a fait surgir la moisson d'or des blés à l'abri de la moisson d'acier des baïonnettes, je tiens à vous dire que, ce jour-là, vous avez bien mérité de la patrie et de l'humanité (1).

« On dit que la situation a changé, que la France n'est plus menacée ; mais pourquoi ?

(1) Compte rendu officiel, p. 382. (*Applaudissements.*)

— Parce que des hommes comme Jean Macé ont fait ce vigoureux effort. Vous dites que cet effort n'est plus nécessaire. Qu'en savons-nous ?

« Nous sommes des idéalistes, il nous plaît de rêver une humanité meilleure où les frontières ne seront plus que de simples limites analogues à celles qui séparent aujourd'hui nos anciennes provinces. Mais, pour faire ce marché, il faut être non pas deux, mais des centaines, qui nous garantissent que les visées humanitaires qui font honneur à la France seront partagées par ceux qui nous entourent.

« Qui nous dit que les choses se passeront ainsi ? On pense à la fraternité des peuples, et l'on se réveille sous la botte de l'ennemi. Vous savez ce que nous coûtent de pareils réveils (1) !

« Lorsque nous réfléchissons aux choses actuelles, que voyons-nous ?

« La France n'est pas une nation ordinaire,

(1) *Ibid.* (*Applaudissements.*)

c'est une nation qui fait des expériences pour l'humanité ; elle opère pour son propre compte, et elle fait bénéficier l'humanité de ses expériences redoutables.

« Que fait-elle en ce moment ? Elle fait une triple et redoutable expérience. Elle entreprend d'élever un peuple avec les seules lumières de la raison, de faire l'éducation de ce peuple en ne demandant rien à des puissances prétendues supérieures. Cela ne s'est jamais fait, et cela ne se fait nulle part.

« Elle essaye également de constituer un gouvernement des hommes par eux-mêmes : c'est encore une expérience. Et, de plus, elle a entrepris des expériences sociales de la plus haute gravité. Elle voudrait créer un état social où tous les hommes aient la juste rémunération de leur travail, et elle essaie d'avancer sur le cadran de l'humanité l'heure lointaine où les relations du capital et du travail auront disparu, puisqu'au travail salarié sera substitué le travail associé.

« Qui nous dit que les institutions capitalistes étrangères et les organisations cléricales étrangères ne feront pas contre la France révolutionnaire du vingtième siècle ce qu'elles ont fait contre la Révolution du dix-huitième siècle(1)?

« Cette Révolution s'était faite « par le livre » à la suite de Voltaire et de Rousseau, mais ce n'est pas « par le livre » qu'elle a pu se défendre ; c'est « par l'épée » ou le canon, qui sont encore la dernière raison des peuples : les événements qui se passent actuellement nous en donnent une preuve éclatante.

« Cette question est donc plus haute qu'une misérable question de librairie, c'est une question d'orientation.

« Je parle ici à des instituteurs et à des institutrices et je leur dis : *Vous avez cette responsabilité redoutable d'élever des Français, vous avez à défendre non pas seulement la patrie française, mais tout l'idéal hu-*

(1) *Ibid.* (*Très bien ! Très bien !*)

*main que la France porte en elle. Allez-vous dire à ces enfants :* « Vous défendrez la « France par le livre, *puis ce sera tout ;* si « on vous attaque, *pas d'épée*, c'est un vilain « instrument ! »

« Vous avez à faire l'éducation non d'une secte de Doukhobors, mais d'un peuple libre. Ce peuple doit rester libre non pas seulement parce que c'est la France, mais parce qu'il porte en lui le trésor de l'humanité.

« Je demande qu'on ne change rien à la devise de la Ligue. Qu'elle soit officielle ou pas officielle, il ne faut pas la réduire.

« Je supplie le bureau de la Ligue de rester fidèle à Jean Macé, et M. le président de la Ligue de rester fidèle à lui-même, à son glorieux passé. Nous atteindrons ainsi, tout naturellement, notre idéal, fait à la fois d'aspirations pacifiques et d'aspirations patriotiques : « *par le livre, s'il se peut, par l'épée,* « *s'il le faut* (1) ».

(1) *Ibid.* (*Applaudissements.*) Si je relève ces mentions

Il est difficile de redire l'impression causée par l'apparition intempestive de cet empêcheur de pacifier en rond. Quelques-uns essayèrent bien, argument commode, de le traiter de nationaliste. Mais comme il avait eu l'honneur, cinq ou six ans plus tôt, d'être traité de « Prussien », de « vendu », de « traître » et de « sans-patrie » dans les rues et sur les places de la ville où il enseignait, l'accusation n'était faite ni pour l'émouvoir ni pour le diminuer.

Restait à obtenir du président quelque chose de plus que l'abandon muet d'une formule. Puisqu'un imprudent avait déchiré les voiles, puisqu'une partie au moins de l'assemblée paraissait ébranlée par ses arguments, on essaya d'arracher au bureau ce désaveu formel auquel il s'était refusé d'abord.

Ce fut une attaque furieuse, et ce fut une

du compte rendu, c'est parce qu'elles indiquent qu'une partie au moins de l'assemblée partageait les sentiments de l'orateur.

belle défense. Non, s'écria le président, qui s'était complètement ressaisi dans la bataille, non, si vous voulez « un vote qui aurait, aux yeux du pays, le caractère odieux d'un désaveu et d'un blâme infligé au patriotisme de Jean Macé et de ses contemporains, nous n'y consentirons pas ».

L'unanime acclamation des auditeurs témoigna du désir de tous de mettre un terme à cette discussion énervante, et qui pouvait menacer l'existence même de la Ligue. On admit implicitement, de toutes parts, que « la question ne serait pas posée ». Il est juste d'ajouter qu'on avait également adopté, à l'unanimité, les vœux suivants, proposés par la commission — vœux dont la sagesse, la modération, la fermeté à la fois patriotique et humanitaire étaient bien faits pour rallier tous les suffrages :

« Que l'éducation laïque et républicaine développe en même temps les sentiments patriotiques et les sentiments humanitaires, le devoir envers la patrie étant la première forme et la plus concrète des devoirs envers l'humanité ;

« Qu'elle doit inspirer aux jeunes Français le souci de remplir fidèlement et courageusement les obligations que la loi militaire leur impose, tout en leur rappelant qu'ils conservent, comme citoyens, le droit et le devoir de contribuer à la défense et à la propagation des idées pacifiques comme de toutes celles sur lesquelles repose la République. »

Etait-ce vraiment la peine d'effacer « l'épée » sur les imprimés de la Ligue, puisque, parmi les devoirs que l'instituteur doit enseigner au petit Français, on mettait au premier rang celui qui consiste à tenir courageusement son fusil ? Mais on voit par là combien c'est calomnier la Ligue que de l'accuser, comme on l'a fait (1) d'avoir abandonné ses traditions patriotiques et « déboulonné » Jean Macé.

(1) Non seulement dans la *Patrie* ou les *Débats*, mais même dans le *Temps !*

## II

### LENDEMAIN DE CONGRÈS

Il n'en coûte rien à l'auteur de l'improvisation précitée de confesser que, sur le terrain des faits, il avait été battu. Contrairement à sa demande, il n'y a plus d'épée dans la papeterie de la Ligue.

Mais alors, s'il avait été battu, d'où vient que, sous le péristyle même du cirque, des membres du bureau de la Ligue, et non des moindres, le félicitaient, le remerciaient de son intervention? D'où vient que, dans les rues d'Amiens, il était arrêté par des ligueurs inconnus? D'où vient enfin que dans le *Radical*, organe quasi-officiel de la Ligue, il pouvait lire le lendemain : « Il a prononcé quelques paroles qui ne pouvaient pas ne pas être prononcées dans ce Congrès »? En vérité il sera, ici, permis de sourire.

Au courant de cette même année 1904, dans des conférences faites à l'École des Hautes-Etudes sociales, un autre ami non suspect de l'enseignement laïque et des idées républicaines, avait, devant un public d'instituteurs, abordé le même problème. M. Devinat avait courageusement mis ses auditeurs en garde contre les exagérations dangereuses ou puériles de l'enseignement pacifiste. Aussi le congressiste d'Amiens n'éprouva-t-il nul étonnement lorsqu'il fut invité à collaborer à une campagne de salut national engagée dans l'*École nouvelle*.

Il lui sembla que, pour intervenir dans ce débat, il se trouvait dans une situation particulièrement avantageuse. Quiconque est peu ou prou attaché aux puissances conservatrices du passé est toujours légèrement suspect, lorsqu'il s'oppose aux folies du pacifisme intégral, de vouloir défendre l'autel, le trône ou le coffre-fort. Dans cette course au clocher qui caractérise chez nous la formation successive des partis, on veut toujours appartenir à l'opinion réputée *la plus avancée*. Combien de gens pour qui le socialisme ne signifie rien de plus qu'une teinte plus rouge du radicalisme anticlérical ? Combien ne se proclament pacifistes que parce que le pacifisme leur apparaît comme la forme la plus avancée du socialisme ?

L'auteur des trois articles reproduits plus bas n'avait qu'à obéir à ses convictions personnelles pour dire aux instituteurs les plus radicaux et les plus socialistes : Vous faites fausse route. Vous avez un désir passionné de justice sociale : ce désir, je l'éprouve avec vous. On vous fait croire qu'en proclamant à tout propos le règne de la paix, en exigeant

« la paix à tout prix », en enseignant à vos élèves le dogme pacifiste, vous servez la cause de l'évolution sociale. Erreur. Vous risquez de désarmer matériellement et moralement la France, la seule nation capable de réaliser l'idéal social que vous portez en vous. Ce n'est pas quoique vous soyez des socialistes que je vous demande de rester patriotes. A toutes les raisons que vous avez d'aimer, de défendre, d'armer la France, votre socialisme ajoute une raison de plus (1).

Voilà ce que j'ai voulu dire. Je l'ai dit,

(1) Voy. Georges Renard, le *Régime socialiste*, 1898, p. 66-80. — Eug. Fournière, l'*Idéalisme social*, 1898. — Millerand, *Le socialisme réformiste*, 1904. Enfin qu'il me soit permis de citer ici un passage de Proudhon (*la Fédération et l'unité en Italie*, 1862, p. 15), qui me paraît convenir admirablement à la situation actuelle : « La France donnera quelque jour au monde le signal du désarmement : c'est un honneur qui paraît lui être réservé ; c'était le rêve secret de la république. Mais ce sera à la condition, bien entendu, que, tandis qu'elle désarmera, les autres n'armeront point ; que, tandis qu'elle licenciera ses armées, décentralisera son administration, organisera ses communes, rendra la vie à ses provinces . , d'autres, pendant ce temps-là, ne se concentreront pas et ne se fortifieront pas sournoisement contre elle. »

paraît-il, avec une telle vivacité d'accent que l'*École nouvelle* elle-même, un peu effrayée, tint à dégager sur ce point sa responsabilité. En tête du second article, elle mit, pour qu'on ne l'accusât point de coiffer le bonnet rouge, le « chapeau » suivant :

« En publiant la série des articles que M. Hauser a bien voulu lui envoyer, l'*École nouvelle* rappelle à ses lecteurs qu'elle a pour principe de s'interdire les discussions étrangères aux questions d'éducation. Elle laisse donc à M. Hauser, qui n'entend point d'ailleurs la lui faire partager, la responsabilité des déclarations d'ordre social sur lesquelles il a jugé devoir établir certaines parties de sa thèse.

« Au demeurant, l'*École nouvelle* trouve heureuse l'occasion qui lui est offerte de montrer à ses lecteurs que même les conceptions politiques et sociales les moins conservatrices trouvent la condition et la garantie de leur développement dans le groupement viril des forces nationales autour du sentiment patriotique que l'école a le devoir impérieux non seulement d'éclairer mais de fortifier. »

Les quelques journaux de province qui reproduisirent ces articles les accompagnèrent de réserves analogues. L'auteur tient donc à rappeler que les déclarations d'ordre social qu'on trouvera plus loin, il les a émises sous sa responsabilité personnelle et exclusive.

Ce qui était intéressant pour lui, c'était de savoir comment ces articles seraient accueillis non par les intransigeants du pacifisme, mais par les chefs du pacifisme rationnel et réfléchi, par ceux qui, sans nier l'existence des patries et la possibilité des guerres, s'évertuent à diminuer les chances de conflit entre les peuples, à préparer la conciliation entre les patries. Membre moi-même d'un comité dit « de conciliation internationale », j'attachais le plus grand prix à l'opinion du président de ce comité, président du groupe parlementaire français de l'arbitrage, M. d'Estournelles de Constant. Avec son autorisation, je tiens à reproduire — en dépit de l'épithète trop élogieuse qu'elle contient à mon adresse — la partie principale de sa lettre :

SÉNAT
—

Paris, le 28 janvier 1905.

« Mon cher collègue,

« Vos trois articles de l'*Ecole nouvelle* sont bien remarquables ; nous sommes d'accord sur le principe, et tout est maintenant dans l'application, c'est-à-dire dans la mesure. Il ne faut être ni lâche, ni belliqueux, sinon on court à un désastre. Mais tout compte fait, je crois que la France ne suivra jamais des moutons bêlants, tandis qu'elle aura toujours de la peine à résister aux entraînements du chauvinisme.

« Si vous le jugez *utile*, j'écrirai volontiers un mot à l'*Ecole nouvelle* pour appuyer les conclusions et l'esprit de vos articles. Mais cela ne me semble pas nécessaire et je ne suis pas fâché qu'on vous lise et qu'on vous apprécie sans réserve. Le jour où on voudrait tirer parti (chez nos adversaires) de vos arguments, il sera temps de rectifier l'interprétation...

« D'ESTOURNELLES DE CONSTANT. »

Ainsi le président du Comité de conciliation internationale approuvait « les conclusions et l'esprit » de mes articles. Sur un seul point nous différions d'avis. J'exprimais la crainte qu'une éducation trop exclusivement pacifiste, une éducation d'où l'on aurait trop complètement éliminé toute image de guerre; où l'on aurait donné trop d'importance aux quelques manifestations de la solidarité internationale, trop peu aux nombreuses causes subsistantes de conflits armés, j'exprimais la crainte que cette éducation ne débilitât les âmes, qu'elle ne les *tolstoïsât*, qu'elle ne les portât à tendre la joue droite après la joue gauche, à pratiquer vis-à-vis de l'étranger le dogme de la non-résistance. En les rendant incapables de l'effort (que les circonstances pouvaient leur imposer) nécessaire pour défendre le sol, les institutions, les intérêts vitaux de la nation, elle préparait le désarmement moral de la patrie, plus grave que tout désarmement matériel : car, disait-on dans les républiques de l'antiquité, quelles murailles valent pour la Cité les cœurs de ses citoyens ? D'ailleurs tout se tient dans l'âme humaine. Et, quand on aurait rendu nos enfants incapables de l'effort militaire, n'aurait-on pas, du même coup, tari en eux les sources de l'énergie, ne les aurait-on pas rendus inaptes même aux rudes besognes qui les attendent dans la paix ? Craignons d'en faire des peureux et des lâches.

On me répondait : Vous vous effrayez à

tort. Le peuple de France n'a pas la charité évangélique d'un Tolstoï. Il a des instincts belliqueux dans le sang; « un bonnet à poil », comme dit le poète nationaliste, sommeille dans son cœur. Ne craignons pas de l'endormir; il se réveillera toujours assez vite à l'heure du danger.

C'est déjà, en somme, ce qu'au lendemain d'Amiens un contradicteur sympathique, M. Aulard, m'avait répondu dans un remarquable article de la *Dépêche de Toulouse* (1): « Un congressiste, (je passe l'épithète) a demandé... le maintien de cette formule (2) par ce motif que la France, qui fait une expérience unique du gouvernement fondé sur la raison, pourrait avoir à défendre cette expérience par les armes contre l'Europe monarchique, absolument comme nos pères de 1792 eurent à défendre la Révolution contre l'é-

(1) Reproduit dans le *Bulletin* de la Ligue, n° cité, p. 702-704.

(2) Le *Par l'épée.*

tranger. Eh bien ! mais certes oui, ce jour-là les Français prendraient les armes et se battraient en hommes libres... »

J'aurais pu répondre d'abord à M. Aulard : Est-il prudent, pour préparer nos enfants aux résistances possibles, d'attendre que le danger soit imminent? Ce n'est pas le savant historien de la Révolution qui soutiendra que les volontaires improvisés de 1792 valurent, tout de suite et tout seuls, les vieilles troupes contre lesquelles ils eurent à se mesurer. Et comme il est nécessaire d'enseigner aux conscrits le maniement d'armes, de même il est indispensable de laisser subsister dans les âmes ce minimum d'esprit militaire sans lequel, au jour du péril, nous n'aurions plus d'armée.

Mais allons plus loin. M. Aulard en octobre 1904, M. d'Estournelles en janvier 1905 étaient bien sûrs que l'enseignement pacifiste n'irait jamais jusqu'à la répudiation des devoirs envers la patrie. Depuis, nous avons entendu dire que le devoir des prolétaires, c'était l'antipatriotisme. M. Aulard qui avait su, quelques mois plus tôt, parler en termes si élevés et si justes du vrai patriotisme, du « patriotisme selon la Révolution française (1) », M. Aulard évoquait les souvenirs de 1792 et de 1793. On lui a répondu : nous remplacerons la levée en masse par *la grève des réservistes*, et, quel que soit l'agresseur, nous ne nous battrons pas. Et cette doctrine, renouvelée des chouans, passe pour une doctrine *avancée!* Moi-même, lorsque j'écrivais dans l'*École nouvelle* qu'un certain pacifisme enseignait « que la guerre n'est légitime que si elle est la guerre civile », je craignais d'exagérer, de calomnier des adversaires. Depuis nous avons entendu dire, en propres termes, que la seule guerre permise est la guerre entre concitoyens, la guerre de classes.

(1) Cornély, 1904.

En parlant de notre devoir envers la France, j'avais eu d'abord l'intention d'écrire à peu près ceci : « Ah! si l'on m'offrait de renoncer à mon titre de citoyen français pour devenir citoyen du monde, cela vaudrait la peine d'y réfléchir. Je verserais sans doute des larmes avant de rompre sans retour avec ce merveilleux passé, avant de dire adieu à cette religion douce et forte dont fut enivrée mon enfance. Je ne verrais pas sans regret ma belle France d'autrefois, avec ses juvéniles enthousiasmes et ses défaillances, ses admirables aspirations vers la justice et la liberté, vers le bonheur humain, avec le charme de ses arts et de son langage divin, avec la douceur aimable de ses mœurs et la grâce ailée de son esprit, je ne la verrais pas sans inquiétude, ma France, aller se dissoudre au sein de je ne sais quelle Cosmopolis terne et banale, monotone, incolore et ennuyeuse, sans poésie, sans contrastes et sans joie. Et je me demanderais si le monde n'aurait pas à se repentir, un jour, d'avoir étouffé son enfant gâté, son délicieux enfant terrible. Tout de même, j'aurais peut-être le cœur de consommer le sacrifice, car ce serait une belle chose que de pouvoir s'écrier : « Le genre humain, « c'est ma patrie », et que d'entonner avec quinze cents millions d'hommes le finale de la *Neuvième symphonie*. Mais cesser d'être citoyen français pour devenir sujet de S. M. Guillaume II ! Ah ! non, grand merci ! »

Puis, cette page écrite, je l'avais déchirée. Qui parle, me disais-je, d'échanger sa nationalité française contre l'allemande ? Quel est parmi les Français je ne dis pas le criminel, mais le fou qui préfère l'Empire allemand à la République française ? — Depuis nous avons entendu dire qu'il était indifférent à un partisan de la lutte de classes d'être Français ou Allemand, concitoyen de M. Loubet ou sujet de S. M. Prussienne.

Nous avons entendu mieux que cela.

M. Aulard qui a, comme moi, pour profession d'enseigner l'histoire, a dû, comme moi, être stupéfait lorsqu'un ancien professeur d'histoire est venu dire — sérieusement ? — qu'on était plus libre en Allemagne qu'en France ; que les prolétaires étaient plus heureux en Allemagne — où l'on essayait dernièrement d'envoyer les grévistes aux travaux forcés — qu'en France ; que la presse était moins libre en France qu'en Allemagne — où la cour de Leipzig jette à tout instant des écrivains en prison pour crime de lèse-majesté. Ce professeur ajoutait qu'une invasion allemande en France serait un incident sans importance, et même avantageux, parce que la France annexée tout entière à l'Allemagne ne pourrait perdre ni sa langue, ni sa mentalité nationale ; elle introduirait donc dans le nouvel empire, résultat de la fusion des deux peuples, le ferment révolutionnaire qui l'agite. Il n'avait oublié d'envisager qu'une toute petite hypothèse : à savoir le cas où l'Allemagne annexerait, non pas toute la France, mais un morceau de la France, qu'elle s'efforcerait ensuite de digérer. Cet extraordinaire professeur d'histoire ignore, paraît-il, le traité de Francfort et la germanisation de l'Alsace. Il ne se dit pas que la Lorraine restée française, que la Champagne pourraient former un nouveau *Reichsland*. Il n'a jamais vu ces cartes allemandes (1) où Longwy, Verdun, Toul, Nancy, Lunéville, Remiremont, Montbéliard, etc., s'appellent *Longich*, *Virten*, *Nanzig*, *Tull*, *Lünstedt*, *Reimersberg*, *Mömpelgard*... Mais, dira-t-on, ce professeur, il enseignait chez les Jésuites? chez les Dominicains? Non, dans l'Université. — Pour nous, qui sommes de la confrérie, c'est humiliant.

On me dira que c'est attacher trop d'importance aux divagations d'un illuminé. Mais

(1) *Justus Perthes' Alldeutscher Atlas* de Paul Langhans. Leipzig, 1900, carte 3. J'ignore s'il y a une édition postérieure à 1900.

cet illuminé n'est pas seul. Sans croire, comme on feint de l'admettre dans le camp nationaliste, sans croire qu'il a derrière lui une armée, je sais bien qu'il agit sur un certain nombre d'esprits faibles, facilement séduits par les phrases bien faites et subjugués par les affirmations tranchantes. Et si ces formes extrêmes de la maladie sont peu répandues, le virus atténué circule beaucoup plus loin, semant dans les âmes je ne sais quelle mollesse morbide, quel affaiblissement de la virilité, enfin, puisqu'il faut l'appeler par son nom, quelle « peur ». On a pu mesurer les résultats de cette propagande inconsidérée d'un pacifisme excessif dans une circonstance toute récente. La nation française, ayons le courage de nous l'avouer, n'y a pas paru très à son avantage, et j'ai entendu des « pacifistes » notoires prononcer, à ce sujet, le mot de « platitude ». Cela, je le veux bien, ne dura qu'un instant; mais cet instant fut de trop, et il ne faudrait pas beaucoup de secousses de ce genre pour amener la régression de notre pays, le pays de Danton, de Kléber et de Gambetta, vers les nations au type « flasque ».

Notez que cet abaissement de la virilité nationale n'est aucunement une garantie de paix, bien au contraire. Quand on veut éviter les attaques nocturnes, on ne frôle pas peureusement les murailles ; on passe en plein milieu de la rue, bravement, le nez en l'air, les poings en avant — et les rôdeurs se le tiennent pour dit. Il en est de même des nations. Les Etats-Unis maintiennent la paix dans leur hémisphère, ils seront peut-être de taille à l'imposer aux Russes et aux Japonais, parce qu'ils ont une force, et qu'ils sont capables de s'en servir. Mais pourquoi se gêner avec les nations qui, dès l'aube d'un conflit, commencent par déclarer qu'elles veulent « *la paix à tout prix*, qu'*en aucun cas* elles ne feront la guerre pour tel ou tel objet » ? Leur partenaire a beau jeu pour leur répondre : « Moi, je ferai au besoin la guerre pour vous faire céder ». Le gouvernement belliqueux exerce ainsi sur le gouvernement pacifique une sorte de chantage moral, l'amenant de concession en concession. Et si la nation ainsi traitée a un retour de virilité, si elle ne cède pas sur tous les points, la surprise est grande chez la plus arrogante des deux parties, qui s'attendait à voir l'autre à plat ventre, et qui la trouve remise sur ses pieds. Les négociations deviennent épineuses, les passions nationalistes peuvent s'enflammer de part et d'autre, et la guerre, cet horrible fléau des peuples, naître des excès du pacifisme même.

## III

### LA « CRISE » SCOLAIRE ET LE NATIONALISME

Car l'un des effets naturels, encore que peu prévus, de l'enseignement ultra-pacifiste, c'est le réveil du nationalisme.

Contre les exagérations pacifistes, nous avions dû protester. Nous l'avions fait avec modération, mais déjà M. d'Estournelles annonçait le temps où nos arguments seraient repris par nos adversaires, et où il deviendrait nécessaire de rectifier l'interprétation. Ce temps est venu.

Profitant de l'émotion soulevée par quelques

folies, le nationalisme essaie de reprendre la partie qu'il avait perdue. Il crée une « École *patriote* », il groupe les « instituteurs *patriotes* », comme pour bien dire à la France : « Nul n'aura de patriotisme, hors nous et nos amis. » Tactique renouvelée de la défunte *Patrie française*. Ce sont les mêmes hommes ici et là, les mêmes noms, les mêmes procédés. — Je supplie nos amis de ne pas tomber dans le piège grossier qui leur est tendu. Je m'étonne que de vieux, que d'authentiques républicains s'y soient laissé prendre (1).

Erreur d'autant plus inexplicable que les journaux qui suivent ce mouvement — les mêmes que ceux qui nous accusaient de trahison en 1898-1900 — ont repris la douce habitude de dénoncer leurs adversaires comme des sans-patrie, d'exciter les passions chauvines, de nous menacer de la guerre et de la

(1) M. René Goblet, préface au livre de M. E. Bocquillon, *La crise du patriotisme à l'école*. En réponse, les beaux et solides articles de M. F. Buisson dans le *Manuel général*.

défaite, comme, en plein prétoire, des généraux nous menaçaient de la « boucherie ». Car c'est une spécialité des nationalistes, après nous avoir poussés à la guerre, de nous démontrer, par patriotisme sans doute, que cette guerre ne saurait avoir qu'une issue désastreuse. C'est la leçon qu'ils ont apprise de ces « généraux de débâcle et de coup d'Etat », qui, en 1870, semaient la guerre pour récolter la défaite (1).

Ce nationalisme scolaire abuse vraiment de quelques incidents dont on a grossi démesurément l'importance. Il paraît que des normaliens en goguette ont chanté l'*Internationale!* Cela fait, assurément, peu d'honneur à leur goût littéraire. Mais, je vous le demande, à quelle réunion de jeunes gens n'est-il pas arrivé de chanter, ne fût-ce que pour faire enrager les *pions*, des chansons incendiaires, ou obscènes, ou simplement stupides ? Voilà

(1) Émile Terquem, *Généraux de débâcle et de coups d'Etat*, Soc. nouv. de librairie et d'édition, 1905.

bien du bruit pour quelques mauvais vers. — M. Hervé annonce que 80.000 instituteurs ont adhéré à ses idées. Et puis après ? Les avez-vous comptés ? Beaucoup, parmi les dénonciations nationalistes, n'ont pas de fondement plus solide.

Non, le danger n'est pas si grand qu'on veut nous le faire croire. Et le meilleur moyen de le faire disparaître n'est point, sans doute, d'en exagérer l'importance.

S'il y a une « crise du patriotisme à l'École », ce n'est pas une crise où le patriotisme doive fatalement sombrer, mais plutôt une crise d'où il sortira transformé, épuré, fortifié. Nous ne pouvons nier que, sous les aigles du second Empire, le patriotisme français avait pris un caractère chauvin, cocardier, agressif et querelleur. Nous avons payé assez cher les incartades de ce patriotisme-là pour exiger qu'on ne l'enseigne plus à nos enfants.

Après la guerre, il se trouva des hommes pour comprendre quel patriotisme convenait à la nation, les Ferry, les Paul Bert, les Ferdinand Buisson. Ce qu'ils cherchaient à répandre, c'était le patriotisme selon la Révolution française (1), le patriotisme fondé sur cet article de la Déclaration des Droits : « La souveraineté réside essentiellement dans la nation ». Cette doctrine, elle s'opposait à la doctrine allemande de la force qui prime le droit, du droit du plus fort. Pendant que nos officiers enseignaient la charge aux conscrits de la loi de 1872, ces grands éducateurs refaisaient une âme aux citoyens. Ils leur parlaient de guerre, assurément; non pas d'une guerre de *revanche*, d'une guerre brutale, entreprise pour venger notre orgueil offensé, mais d'une guerre de libération, pour faire rendre aux annexés la plénitude de leur droit. Pas un, parmi nos directeurs de l'instruction publique, pas un n'eût admis une guerre qui eût réannexé les Alsaciens-Lorrains à la France sans leur consentement.

(1) Voy. la conférence précitée de M. Aulard.

Mais ces idées étaient nouvelles, et elles n'étaient pas très bien vues. Dans les hautes sphères gouvernementales, les traditions conservatrices persistaient sous l'étiquette républicaine : on n'aimait pas qu'il fût parlé trop haut du droit des peuples à se choisir leur patrie ou leur gouvernement. Dans la haute armée, les postes importants étaient toujours occupés par les anciens soldats de l'Empire, qui s'étaient refait une virginité dans les rues de Paris, en mai 1871. Quant aux officiers républicains, qui avaient commis le crime inexpiable de servir le gouvernement de la Défense, la revision des grades les avait fait rentrer dans le rang. Ainsi l'armée restait une caste, caste qui se croyait investie du droit de faire la guerre, à son profit plutôt que dans l'intérêt de la nation, et dont la nation, maintenant que tous les citoyens étaient soldats, serait l'instrument.

De là, sous la République, le développement d'un patriotisme nationaliste et militariste qui ressemblait comme un frère au bonapartisme d'antan. Lorsque rue de Grenelle on parlait « guerre de revendication », en bas l'on traduisait : « guerre de revanche ». Lorsqu'on disait à l'enfant : Tu seras soldat, d'autres s'ingéniaient à créer des bataillons scolaires.

Ce chauvinisme malsain, on put en mesurer la puissance aux sombres jours de 1898. Et ce serait mal connaître l'histoire de la pensée humaine, de la pensée française en particulier, ce serait ignorer que la réaction est proportionnelle à l'action, que de s'étonner des exagérations auxquelles plus d'un combattant de la grande bataille se laissa emporter. Pour supprimer les abus du militarisme, plus d'un attaqua l'institution militaire elle-même. Et dans l'ardeur de la lutte contre le nationalisme, cette déformation à la fois grotesque et hideuse du patriotisme, quelques insensés s'oublièrent jusqu'à frapper, jusqu'à nier la patrie.

Ces exagérations même n'ont pas été inutiles. Au début des articles qui suivent, je remerciais M. Hervé d'avoir, par sa lettre à M. Jaurès, dissipé bien des incertitudes, éclairci des ténèbres. Jusque-là, plus d'un chef de foules s'était laissé entraîner à flatter, ne fût-ce que par son silence, des passions qu'il ne partageait pas. M. Hervé mit ces chefs en demeure de s'expliquer. Comme ils tergiversaient encore, comme ils biaisaient entre l'internationalisme mitigé des uns et l'antipatriotisme radical des autres, le Breton obstiné leur adressa une seconde mise en demeure : ce fut la lettre, j'allais dire l'encyclique sur la grève des réservistes.

Cette lettre a débridé l'abcès dont la démocratie française pouvait mourir. Devant l'énormité de ces affirmations, les politiciens les plus avancés n'ont pas hésité, et quelques-uns ont entonné bravement un hymne à la France, à la terre de liberté, au pays de la Révolution. Et si l'un d'eux voulut un instant user les ressources de sa merveilleuse dialectique à retenir dans le sein du parti un enfant perdu, jeter sur des antinomies irréductibles le manteau chatoyant d'une éloquence hégélienne, il n'y réussit point. Et lui aussi nous est revenu, dénonçant avec éclat, dans ces doctrines qui se disent et se croient *avancées*, des doctrines réactionnaires et rétrogrades, la pure doctrine des émigrés et de la Vendée contre-révolutionnaire.

Aujourd'hui, l'air national est à peu près purifié de ses miasmes. Ni nationalistes ni antipatriotes, nous allons pouvoir y respirer à l'aise. Plusieurs indices nous permettent de l'espérer. Le dernier Congrès de la Paix, réuni à Lille, est d'accord avec le Congrès d'Amiens de la Ligue de l'enseignement pour croire que l'amour de la patrie se peut concilier avec l'amour de l'humanité. Il admet « qu'il importe de donner aux enfants une notion exacte du passé et par conséquent de ne pas leur dissimuler l'existence des guerres » (1), mais qu'il faut aussi « bannir des ouvrages classiques tout ce qu'on pourrait appeler l'hymne guerrier ou l'idylle belliqueuse, en un mot, de dépoétiser la guerre et de ne pas accorder au récit des conflits armés une importance démesurée ». Qui peut s'opposer à d'aussi légitimes exigences ?

Il n'est pas avec ceux qui demandent la paix à tout prix et voudraient faire de nos enfants, suivant le mot si expressif de M. d'Estournelles, des « moutons bêlants ». Il ne demande pas qu'on exclue des écoles les ouvrages « d'une inspiration militaire », mais seulement « ceux d'un esprit nettement antipacifiste et barbare ». Qui refusera de souscrire à ce vœu, à moins de se proclamer nationaliste ?

Ainsi donc le vent de folie qui passa sur quelques groupes d'instituteurs va bientôt cesser de souffler. La « crise du patriotisme

(1) C'est donc la renonciation à la puérile gageure, qu'on avait d'abord essayé de tenir, de supprimer dans l'éducation le fait historique de la guerre, de bannir les images de guerre, etc.

à l'école » aura été une crise passagère. Nos instituteurs, dont *l'immense majorité* n'a pas cessé de croire à la France, d'aimer et d'enseigner la France, mais dont quelques-uns se sont laissé entraîner à suivre la mode parce que c'était la mode, nos instituteurs ont percé à jour les sophismes dont on voulait les éblouir. Ce qu'ils retiendront de cette controverse, c'est que le patriotisme qui convient à des citoyens libres n'est fait ni de la haine de l'étranger, ni de l'amour du panache et du sabre, mais de l'attachement aux institutions, de la fraternité entre les citoyens, du désir passionné de rendre notre patrie plus riche et plus belle, plus éclairée, plus juste, douce à ses enfants, plus heureuse, plus utile à l'humanité, — enfin plus forte, pour le cas où quelqu'un voudrait l'empêcher d'accomplir sa mission.

Ce patriotisme-là n'a rien de commun avec le nationalisme. Les sciences historiques lui ont appris à respecter les nations étrangères, à les considérer comme de hautes personnalités morales, nécessaires, tout comme la France, à l'harmonie de l'humanité. Il sait qu'un Beethoven, un Gœthe, un Emmanuel Kant sont aussi utiles à la vie de la planète qu'un Descartes, un Victor Hugo ou un Pasteur, un Shakspeare ou un Newton. Il ne respecte pas seulement, il aime toutes les patries. Il sait — et c'est ce qu'il a gagné au développement du socialisme — qu'en dehors des liens qui unissent les enfants du même pays, d'autres liens s'entrecroisent qui unissent entre elles, à travers les frontières, d'innombrables légions de travailleurs. Il sait qu'en raison de la solidarité internationale, une guerre est aujourd'hui plus monstrueuse, et qu'elle serait plus néfaste que les plus épouvantables tueries des temps barbares. Il considère donc la guerre comme la dernière, comme la toute dernière raison des peuples. Il applaudit à tous les efforts tentés pour la rendre plus rare. Mais il sait aussi que la guerre n'est pas le pire des maux, que la paix n'est pas le premier des biens, car il est des réalités idéales auxquelles l'homme doit, au besoin, savoir sacrifier sa vie. Il tient en main le livre, mais la vue d'une épée ne le fait pas tomber en faiblesse.

Ce patriotisme-là, pacifique et courageux, sera de plus en plus, j'en ai l'intime conviction, celui de nos instituteurs de France. Insensibles aux prédications chauvines comme aux conseils de lâcheté, ils sauront, par leurs leçons et par leur exemple, nous faire des citoyens qui ne deviendront jamais — osons prendre le mot énergique de Pascal — des « trognes armées », mais qui sauront être, s'il le faut, des soldats.

Dijon, 26 juin 1905.

N. B. — Les articles qui suivent ont paru dans *l'École Nouvelle* des 17, 24 et 31 décembre 1904. Je les reproduis tels quels, avec des corrections insignifiantes.

J'éviterai, dans les pages qui suivent, tout ce qui pourrait ressembler à de la déclamation, à des phrases. En revanche, je demanderai à ceux qui me répondront — si l'on me répond — d'observer la même loi, de ne m'opposer que des faits et des raisons. Je leur épargnerai les tirades sur l'amour du sol natal : qu'ils n'en fassent pas, en retour, sur les horreurs de la guerre et les bienfaits de la paix. J'apprécie, tout comme eux, ces bienfaits et ces horreurs. Et je pense que, tout comme moi, ils aiment leur pays (1).

(1) Je ne pouvais supposer, à la date ou j'écrivais ces lignes, qu'il se trouverait des gens pour dire : « Il nous est indifférent d'être Français ou Allemands ».

Je leur demanderai aussi de renoncer... comment dirai-je? à toute pudeur? ou bien à toute hypocrisie? — Je m'explique : il est des personnes qui professent deux espèces d'internationalisme, deux espèces de pacifisme, l'une pour la galerie, l'autre pour les initiés. Devant le grand public, les autorités, les électeurs, on se proclame internationaliste, mais patriote ; pacifiste, mais patriote ; en petit comité, entre amis, on déclare crûment que le patriotisme est une absurdité, et la patrie une vieille rengaine. M. Hervé, dans une lettre célèbre, a dénoncé cette politique à deux visages. Arrière les équivoques ! Soyons franchement ce que nous sommes, et ayons, de part et d'autre, le courage de le dire.

## I

### DES NATIONS

Ceci posé, je demande à mes lecteurs : Qu'est-ce que l'école? — On m'accordera qu'elle est une préparation à la vie civique, qu'elle doit faire des hommes, capables de vivre au milieu des hommes.

Les petits hommes que nous avons à élever sont nés à la fin du dix-neuvième siècle. Ils sont nés, et ils vivent, sur un territoire qui s'appelle la France. Ce territoire est borné par un certain nombre de lignes qu'on nomme des frontières. On peut le regretter, on ne peut le nier. Lorsqu'on franchit ces lignes, on n'est pas seulement obligé de montrer ses bagages au douanier. On s'aperçoit aussitôt que bien des choses ont changé. Même dans les cas rares où la langue ne change pas, on sent tout de suite qu'on n'est plus en France, que les lois ne sont plus les mêmes, que ces hommes ne se font pas la même conception que nous du gouvernement, de la police, de la liberté, de l'égalité ; ils n'ont pas organisé de la même manière l'instruction, l'assistance ; ils ne manifestent pas les mêmes sentiments à l'égard de l'étranger. Ils sont parfois meilleurs que nous, parfois pires ; autres toujours.

Il faut, pour nier l'existence des nationalités, n'être jamais sorti de chez soi. L'internationaliste parfait, c'est celui qui vit d'une vie purement nationaliste. Escargot dans sa coquille, ou rêveur dans son cabinet, il lui est loisible de s'imaginer que tout le monde est fait comme sa tribu. Menez-le seulement à Londres, et forcez-le à prendre sa gauche et non sa droite ; empêchez-le, à Berlin, de traverser ailleurs qu'aux endroits autorisés l'allée centrale d'Unter den Linden, et vous en ferez un chauvin. — Pareille mésaventure faillit advenir à ceux de nos ouvriers qui passèrent la Manche, durant la guerre du Transvaal, pour assister à des Congrès professionnels en Angleterre. Ils étaient partis persuadés que l'on touchait au jour où « l'Internationale serait le genre humain », persuadés que les ouvriers anglais s'uniraient à eux pour maudire la guerre impie. Que trouvèrent-ils ? Un peuple tout entier soulevé pour la défense de ce qu'il appelait son droit : John Bull hargneux, bien décidé à ne pas lâcher le morceau, et prêt à montrer les crocs au premier qui viendrait se mêler de ses affaires. Nos pacifistes s'en revinrent fort déconfits.

L'existence des nationalités n'est donc pas un mythe. Il est des façons de penser anglaises, françaises, allemandes. Ces façons de penser sont tellement caractérisées qu'il est très difficile à un peuple, ou à un fragment de peuple, de s'en débarrasser lorsqu'il se les est une fois assimilées. Voyez par exemple, le cas des Alsaciens-Lorrains. On dit : L'irrédentisme alsacien est une chose morte. C'est vrai. Personne, en Alsace, ne souhaite une nouvelle guerre dont, quelle qu'en soit l'issue, l'Alsace serait la victime. On dit aussi : la protestation est morte. C'est parfaitement vrai encore. Les Alsaciens ne s'amusent plus au jeu inutile et dangereux qui consiste à protester contre un traité vieux de trente-trois ans, et dont la France semble prendre son parti. Il faut bien vivre à l'intérieur des nouvelles frontières, vendre ses cotonnades à l'abri de la ligne des douanes impériales, négocier avec le gouvernement allemand les questions d'impôts, de canaux, de chemins de fer, élire des députés au Reichstag, tâcher d'obtenir une représentation efficace au Bundesrath. Il faut vivre, et c'est pourquoi la protestation est morte.

Mais ce qui n'est pas mort, c'est la mentalité française, la manière française de concevoir la vie, comme une chose libre, gaie, légère, pas plus sérieuse qu'il ne convient, surtout pas pédante. Ce qui ne meurt pas, c'est l'inaptitude radicale du conscrit alsacien à se plier à la discipline allemande, l'inaptitude du paysan, de l'ouvrier, du bourgeois alsacien à se soumettre à la morgue impérieuse des autorités militaires ou civiles. Des milliers d'Alsaciens passent la frontière, au 14 juillet, pour venir voir nos soldats. J'en connais qui font le voyage de Belfort ou de Nancy pour contempler nos sergents de ville ! Comparés à leurs collègues allemands, ceux-ci leur semblent — qui le croirait ? — des êtres respectueux de la liberté individuelle.

Les Allemands savent cela. Sans parler des jeunes Alsaciens (toujours nombreux) qui se soustraient, par l'émigration, à l'honneur de servir dans l'armée allemande, ceux qui servent en Poméranie ou en Prusse sont traités, par leurs camarades, de *Franzosenkœpfe*, « têtes de Français ». Ils sont à part.

Il y a des nations. Je ne me demande pas, en ce moment, s'il est bon qu'il y en ait. Cela, c'est de la philosophie. Je me borne à constater le fait. Et ce fait, je dis que si le maître le laisse ignorer à l'enfant, il lui cache, sciemment ou non, une part de la vérité. S'il la lui cache sciemment, ayons le courage de dire le mot, il lui *ment*, comme lui mentent ceux qui lui enseignent, sans y croire, les formules vides du catéchisme et lui vendent des lettres de change tirées sur le paradis.

Comment on peut à la fois enseigner à l'enfant, dans toute sa brutalité crue, la réalité présente, et cependant déposer dans sa conscience les germes d'une moralité future, c'est ce que nous examinerons par la suite.

## II

### RELATIONS INTERNATIONALES

Nous avons dit que l'instituteur doit former des hommes pour son temps. Puisque la France de notre temps est géographiquement, historiquement, une nation, il doit former des hommes pour la nation française.

On me répondra : Mais, pour en faire des patriotes, est-il nécessaire d'en faire des belliqueux ? Ne peut-on concilier le patriotisme le plus sincère avec l'amour le plus ardent de la paix universelle ?

Je crois que ces deux sentiments peuvent

admirablement se concilier. Pour aimer les siens, il n'est nullement besoin de haïr les autres, ni même de songer à leur faire la guerre. Mais à une condition : c'est de vivre dans un état de société où chacun se sente à peu près à l'abri de toute agression. L'habitant de Gonesse, de nos jours, aime sa commune sans haïr Argenteuil, parce qu'il sait fort bien que les gens d'Argenteuil ne vont pas venir piller Gonesse ; et si cette idée folle avait par hasard germé dans les cerveaux argentoliens, toutes les forces dont dispose le pouvoir central viendraient s'opposer à cette criminelle entreprise..

Or, l'Europe en est-elle, actuellement, en 1904, au point où en sont nos communes ? Ou les relations entre les peuples ne rappellent-elles pas davantage les relations qui existaient entre nos villes, nos provinces, il y a cinq ou six siècles ? Dirons-nous à l'enfant que, de nos jours, les relations entre peuples ressemblent aux relations entre citoyens ? Encore une fois, lui mentirons-nous à ce point ? Nous lui apprenons bien que même les relations entre citoyens ne sont pas encore ce qu'elles devraient être. Lui dirons-nous que la guerre n'est légitime que si elle est guerre civile ? Après lui avoir parlé des luttes de classes, lui laisserons-nous ignorer qu'il y a eu, qu'il y aura des luttes de peuples ?

Pour croire qu'il n'y en aura plus, il faut oublier et ignorer certaines choses. Il faut croire que tous les peuples ont le même âge, qu'ils vivent tous la même heure sur l'horloge de l'humanité. Illusion aussi singulière que celle qui consiste à croire, quand tonne le canon de la tour Eiffel, qu'il est midi à Chicago, à Yokohama ou au Caire.

## III

### L'HEURE QU'IL EST

Nous sommes actuellement à la fin de la quatrième année du vingtième siècle (1). Pour nous, Français, cela veut dire qu'il y a cent ans et plus que nous avons fait la Révolution. Cela veut dire que nous ne reconnaissons plus ni le droit divin des rois, ni les inégalités de naissance, ni la souveraineté de l'Eglise. Cela veut dire qu'aux vieilles formules sociales, inspirées par la lutte des intérêts, nous voulons substituer de plus en plus, dans l'intérieur de la Cité, la solidarité fraternelle,

(1) Ecrit en décembre 1904.

hâter l'heure où le travail associé remplacera le travail salarié, dernière forme de l'esclavage. Cela veut dire aussi que, dans le domaine international, nous sommes décidés à préparer le triomphe du droit sur la force. Car les nations, comme les personnes, sont pour nous « libres et égales en droits ». Voilà le credo de la France en 1904.

Je ne veux pas me préparer une facile victoire en demandant si la même heure sonne chez les peuples de civilisation très différente, et dont l'évolution s'est arrêtée. Il est trop certain que le Maroc, par exemple, n'est pas notre *contemporain*, qu'il vit au dixième ou au onzième siècle, à cette époque où la puissance de notre roi capétien — juge de paix et gendarme héréditaire — s'étendait juste aussi loin que le trot de son cheval (1). La France du onzième siècle aurait-elle compris grand

(1) Quant au Maroc « indépendant et souverain », c'est un mythe qui n'a jamais existé que dans les harangues impériales.

chose à nos belles idées sur la paix entre les peuples et la fraternité universelle ?

Mais ne sortons pas du concert des peuples dits civilisés. Le Japon, ce nouveau venu, vit-il réellement au vingtième siècle ? Le croire, c'est être dupe de l'excellence de ses cuirassés, des qualités explosives de ses torpilles, de l'habileté technique de ses officiers, de ses cheminées d'usines, de ses téléphones, et de ses locomotives ; sous le Japon officiel, dont les soldats s'habillent à l'allemande et dont les députés siègent à la Diète, il y a le vrai Japon, le Japon japonais avec ses clans féodaux que notre naïveté occidentale appelle des partis, avec son mikado, fils des Dieux, dieu sur terre ; Japon brutal et féroce qui fait sauter les navires sans déclaration de guerre, qui compte pour rien la vie humaine et dont les fils s'ouvrent le ventre ; Japon militariste, ivre de gloire sanglante, de victoires et de conquêtes — ce qui ne l'empêche point, par parenthèse, d'être par le temps qui court le grand favori de nos « pacifistes ».

Est-ce l'heure de France qui sonne à Pétersbourg, l'heure républicaine, laïque, socialiste et pacifique ? Personne ne peut le prétendre. Déclarer la Russie de 1904 contemporaine de la France d'avant 1789, ce n'est pas encore en donner une idée adéquate. L'autocrate byzantin, le khan tatar, l'héritier du patriarcat, le despote « éclairé » à la Catherine II, tous ces traits entrent dans la composition de la figure du « tsar blanc ». Et, de plus en plus, ce sont les traits orientaux, mongols, qui dominent. La Russie peut convoquer des conférences de la Haye de façon à se garantir la tranquillité en Europe pendant qu'elle travaille à digérer l'Asie. Il se peut même qu'à l'heure actuelle, un sanglant épisode la mette aux prises avec le Japon. Ce n'est tout de même qu'un épisode. La guerre finie, la Russie reviendra fatalement à son rôle de puissance orientale, moins européenne que semi-asiatique.

Dans un hardi roman d'avenir, un écrivain socialiste décrivait récemment la fin du siècle vingtième (1) : tout entière à ses nobles aspirations de justice sociale, amollie par une civilisation perfectionnée, l'Europe occidentale a désappris le jeu brutal de la guerre. Et tout d'un coup retentit ce bruit terrible : les peuples barbares, restés plus jeunes et robustes, menacent d'envahir la Fédération européenne ; l'assaut est mené par la Russie, européenne par sa diplomatie, son armement, ses chemins de fer, barbare encore par son esprit... Prenons garde que, dans ce rêve, il y ait une part de réalité.

Mais écoutons l'horloge allemande. N'y a-t-il pas, dans la constitution sociale de l'Allemagne actuelle — surtout de la Prusse au delà de l'Elbe — plus d'un reste de féodalité ? La survivance d'une monarchie de droit divin dans le royaume et dans l'Empire nous per-

(1) Daniel Halévy, *Histoire de quatre ans, 1997-2001*. Paris, *Cah. de la quinzaine*, 1903.

met-elle d'espérer que les résolutions du gouvernement allemand seront toujours conformes à la volonté du peuple allemand? Et le peuple allemand, même à l'aube du vingtième siècle, est-il aussi persuadé que nous de l'imprescriptible droit des peuples à se choisir leur gouvernement (1)?

Entre cette Allemagne, qui est encore « d'autrefois », et notre France d'aujourd'hui, un conflit est toujours possible.

S'il est des peuples dont l'heure, autant du moins que nous puissions en juger, retarde sur la nôtre, il en est d'autres dont l'heure prétend avancer sur les montres européennes. Mais hélas! eux non plus ne nous font pas exclusivement des promesses de paix. De la

(1) Je rappelle le traitement infligé par la Prusse aux Polonais. Et je demande à nos amis des partis avancés : D'où vient que toute leur sévérité se dépense contre le tsar, qui a dans l'histoire, dans la composition ethnique et l'état arriéré de ses peuples, tant de circonstances atténuantes, et qu'il ne leur en reste plus pour juger un autre empereur, à qui son caractère de souverain civilisé d'un peuple civilisé imposerait des obligations bien plus étroites?

richesse américaine est né l'impérialisme américain. Le Président Roosevelt convoque, lui aussi, des conférences de la Haye, mais en disant bien haut que la paix n'est pas le premier des biens, et qu'il n'aime pas les citoyens et les nations « au type flasque ». Les Etats-Unis affichent l'intention d'être seuls les maîtres sur leur continent, et presque seuls les maîtres dans le Pacifique — ce qui ne les empêche pas de se mêler, à l'occasion, des affaires du vieux monde. Leurs dépenses militaires vont atteindre celles des États militaires européens, leurs dépenses navales dépassent déjà celles de la France. Quant à l'Australie, elle est la preuve éclatante que le socialisme, les huit heures de travail, l'arbitrage obligatoire et la « dictature du prolétariat » ne sont nullement incompatibles avec une forte dose d'un impérialisme très belliqueux; il semble même qu'aux antipodes le socialisme engendre le protectionnisme, qui engendre l'impérialisme.

Il faudrait un peu réfléchir à cet état général de la planète avant de répéter la généreuse phrase de Michelet : « Au vingtième siècle, la France déclarera la paix au monde ! » Elle la déclarera, mais si on lui répond à coups de torpilles ?

Que la France offre donc la paix au monde. Mais à une condition : qu'elle fasse bien voir que, si elle voulait, elle pourrait lui offrir la guerre. Il est beau d'être pacifique quand on a les poings solides.

## IV

### LA FRANCE ET LE MONDE

Notre pays a ce dangereux privilège d'être presque toujours en avance de quelques dizaines d'années sur ceux qui l'entourent. Dans l'Europe monarchique et féodale du dix-huitième siècle, il faisait la Révolution. Dans l'Europe encore monarchique, capitaliste et cléricale du vingtième, il instaure définitivement la République, laïcise la société, inaugure le régime socialiste (1). A un moment donné, le

(1) On m'opposera sans doute que des mesures dites de « socialisme d'État » ont été prises à l'étranger avant de

monde qui l'entoure peut trouver ces expériences dangereuses, et, pour se garautir de la contagion, étouffer dans son bouillon de culture le microbe révolutionnaire. Il peut répondre à nos généreuses manifestations pacifiques par des menaces de guerre.

Pour ce jour-là, restons armés. Je ne dis pas, remarquez-le : conservons notre armée actuelle, l'organisation militariste actuelle, avec l'oligarchie du haut commandement, les conseils de guerre et « leur justice », les heures perdues en exercices inutiles et en flâneries pires encore, la caserne démoralisante, ni des cuirassés de quarante millions qui sautent en moins de quarante secondes. Tâchons de trouver l'armure qui convient à une démo-

l'être en France : assurances contre les accidents du travail, retraites ouvrières, etc. Je répondrai qu'entre ces mesures, telles qu'on les applique en Allemagne, et ces mêmes mesures, telles qu'on les conçoit en France, il y a un abime Ici, elles sont la manifestation d'un paternalisme protecteur ; là elles sont vraiment une tentative consciente pour réaliser l'émancipation économique des masses ouvrières.

cratie travailleuse, égalitaire, pacifique et fière. L'affaire Dreyfus a mis à nu les vices de notre organisation militaire; elle n'a pas fait disparaître pour nous la nécessité d'une organisation militaire.

Restons armés pour amener plus tôt le règne de la paix. C'est une fort jolie chose, dans les congrès pacifiques, que de déclarer impie la vieille formule romaine et de s'écrier, mystiques d'un nouveau culte : « Si tu veux la paix, prépare la paix. » Non, l'on ne prépare pas la paix rien qu'en voulant la paix, pas plus qu'on ne peut maintenir l'ordre sur les routes en supprimant les gendarmes. La France veut la paix; elle est, parmi les grandes puissances, à peu près seule à la vouloir sincèrement. Si elle venait, je ne dis pas à disparaître, je dis seulement à s'affaiblir, il n'y aurait plus de paix. Pour que la paix soit, il faut que la France reste forte.

Il faut qu'elle soit forte aussi pour que la justice soit. — Répondre à Bismarck : « le

Droit prime la force », c'est le vrai moyen de se faire applaudir dans une réunion publique. Mais c'est une attitude de théâtre. Nous savons très bien que le Droit ne prime pas la Force, s'il n'a une force de son côté.

La France et l'Europe ont encore quelques besognes à faire pour lesquelles la force ne sera peut-être pas de trop. Franchement, si nous nous sentions assez forts pour envoyer des obus à Yildiz-Kiosk, regretterions-nous la guerre qui mettrait fin au régime d'Abd ul Hamid? Qui a protesté contre l'action européenne en Crète? Qui ne réclamerait une action énergique en Macédoine? Aucun de nous n'a-t-il jamais souhaité une croisade contre le tsarisme? Et plus près de nous, croit-on, si vraiment nous nous sentions les plus forts...? (Ou alors, qu'on m'explique pourquoi un bon socialiste doit être arménophile, finlandais, macédonien, et pourquoi la seule violation du droit qui ne lui semblerait pas intéressante serait précisément la seule où la France est intéressée.) Si une conflagration européenne, non voulue par nous, venait un jour nous offrir le moyen de rendre à 1.500.000 Français la plénitude de leur droit (1), refuserions-nous de mettre, au service de ce droit, notre force ?

(1) Dans l'hypothèse, bien entendu, où les intéressés, *seuls juges* de cette question, feraient savoir, à la suite d'une *libre* consultation, leur volonté de redevenir Français. Dans le cas possible, et que la suite des événements peut rendre probable, où ils auraient d'eux-mêmes renoncé à ce droit, toute guerre pour leur rendre malgré eux une nationalité dont ils ne voudraient plus serait un crime.

## V

### TU SERAS SOLDAT

Pour que la France soit forte, continuons à dire au petit Français cette forte parole : « Tu seras soldat. »

Qu'il soit soldat sans haine. Apprenons-lui de bonne heure qu'il y a des hommes aussi de l'autre côté des frontières, que les différences de peau, de crâne, de religion, de langue, de gouvernement ne les empêchent pas d'avoir en commun avec lui-même des besoins et des sentiments. Disons-lui que le petit Chinois a faim quand sa famille est trop nombreuse pour la maigre provision de riz, que l'ouvrier japonais est, comme celui de la ville voisine, serf de la machine, condamné au chômage, acculé à la grève. Disons-lui qu'il y a, dans les oasis sahariennes, des pères qui aiment leurs enfants et que les fils musulmans « gagnent le paradis aux pieds de leurs mères ».

En lui enseignant l'histoire du pays, gardons-nous de nourrir en lui les illusions chauvines. Montrons-lui qu'il y a eu de braves gens à l'étranger, et parfois des gredins chez nous. Ne lui demandons pas d'admirer l'incendie du Palatinat ou le siège de Saragosse sous prétexte que ces crimes ont été commis à l'abri de notre drapeau. Que son cœur batte pour les *guérilleros* espagnols, pour les étudiants allemands qui tombaient sous les balles des pelotons napoléoniens.

Ne lui cachons pas la guerre, comme on le demande quelquefois. De quel droit lui cacherions-nous une part de la vérité ? Mais, en lui montrant qu'il y eut des guerres nécessaires et légitimes, peignons-lui l'horreur des guerres injustes. Ne mettons pas sous ses yeux ces soi-disant images de batailles où les brillants cavaliers vont à la charge plumet en tête, où il n'y a que des vainqueurs et jamais des morts. Ayons le courage de lui montrer de vraies batailles, celles où l'on se tue, où les obus abattent les files entières, où jaillissent les cervelles sorties des crânes, où volent les membres épars, où gémissent les mourants et les blessés. Étalons devant lui les plaines où tournoie le vol des corbeaux, avides de chair humaine. Il sentira que la guerre est une chose terrible, un de ces actes de désespoir auxquels on ne doit se résoudre qu'à la dernière extrémité, après avoir épuisé tous les moyens de défendre son droit. Ne doit-on pas, de même, avoir recours à toutes les ressources de la légalité avant d'user du remède héroïque de l'insurrection? Mais, quand on a cru devoir tirer l'épée, il faut se battre avec courage.

Nous lui montrerons la terre traversée en

tous sens par les rails d'acier, par les lignes de paquebots, les fils et les câbles, par les ondes mystérieuses de la télégraphie aérienne. Nous lui expliquerons l'universel mouvement des échanges, l'entrecroisement des intérêts qui rend toutes les nations solidaires. Nous lui ferons comprendre que le sort du travailleur français est lié, par une suite de répercussions inéluctables, au sort du travailleur belge, allemand, anglais, américain, qu'une grève à Pittsburg influe sur le salaire du mineur de Saint-Étienne, qu'une guerre au Transvaal fait chômer les tailleurs en pierres fines de Saint-Claude. Dans un monde ainsi parcouru en tous sens par les fluides multiples de la vie, il sentira que la guerre, sans être devenue impossible, est un peu moins probable qu'autrefois ; et qu'aussi une guerre injuste serait encore plus criminelle.

Nous lui dirons aussi les généreux efforts faits de notre temps pour rendre la guerre à la fois plus rare et moins sauvage; conventions de Genève et de la Haye, garantie du droit des neutres, conventions d'arbitrage, et tout ce fin réseau d'ententes internationales dont les mailles finissent par enserrer le monde civilisé, et dont quelques-unes (protection légale des travailleurs, répression de la traite des blanches, traité de travail franco-italien) commencent à esquisser l'organisation d'une juridiction internationale. Nous n'exagérerons pas l'importance de ces conventions; *nous ne laisserons pas croire, parce que nous savons que cela n'est pas vrai, qu'une guerre ne pourra jamais éclater entre deux peuples liés par un traité d'arbitrage.* Mais nous ne lancerons pas contre ces traités des plaisanteries faciles, car c'est déjà quelque chose de rendre la guerre plus malaisée, de ralentir l'explosion des haines et des orgueils, de laisser aux passions populaires le temps de s'apaiser.

Nous ferons ainsi de notre petit Français un sincère et actif ami de la paix, toujours prêt à mettre la force de la France au service de la paix. Mais, prenons garde, en faisant de lui un pacifique, d'énerver en lui les vertus viriles dont la France a besoin. Il y aurait un moyen de désarmer la France qui serait plus sûr que de démolir ses forteresses ou de réduire ses effectifs : ce serait d'installer au cœur de ses soldats une peur excessive de la guerre. Contre ce *désarmement moral* de la France l'école ne saurait prendre trop de précautions. Je l'ai dit ailleurs : nous n'avons pas à faire l'éducation d'une secte de Doukhobors, mais celle d'un peuple qui veut et qui doit rester libre. Il le doit pour lui-même, et pour l'humanité.

L'école ne dira pas à l'écolier que la guerre est le pire des maux, car il en est de pires. Pour que la guerre fût le pire des maux, il faudrait que, dans l'échelle des valeurs, aucun bien ne fût supérieur à la vie humaine. Or nous connaissons tous des biens qui sont plus précieux que la vie, puisque pour les conserver nous donnerions notre vie. Ne laissons pas croire à nos enfants que la vie est le premier des biens, car nous en ferions des égoïstes et, pour parler crûment, des poltrons. Si nous voulons fonder une vraie cité, n'éteignons pas chez les futurs citoyens la flamme du sacrifice.

Qui pourrait regretter sincèrement la guerre qui chassa l'Anglais du sol de France ? Qui, la guerre qui défendit, contre la coalition des monarchies, l'âme de la Révolution ? Pas un, parmi les combattants de 1793, ne serait vivant à l'heure qu'il est, même si la grande guerre révolutionnaire n'avait pas eu lieu. Vingt ans, trente ans plus tard, tous seraient morts. Tous aujourd'hui dormiraient dans les cimetières de leurs villages, mais la terre qui les garderait serait peut-être devenue terre autrichienne ou prussienne et la monarchie féodale règnerait sur l'Europe. Ne leur valait-il pas mieux mourir pour une grande cause humaine que de vieillir inutiles et esclaves ?

L'école apprendra que s'il fallait encore défendre contre des agressions brutales l'idéal que la France porte en elle, repousser ceux qui voudraient interrompre par la force nos hardies expériences sociales, ce jour-là encore la guerre serait le plus saint des devoirs.

Rendre la paix éminemment désirable, ne pas rendre la guerre impossible, voilà le rôle de l'école. Faire des pacifiques, des humanitaires, mais qui soient des patriotes, capables au besoin de défendre leur patrie et tout l'héritage moral que leur ont légué les ancêtres; non pas des adorateurs aveugles d'un nouveau dogme pacifiste, mais des âmes raisonnables chez qui le sentiment national se concilie avec l'amour de l'humanité : voilà le rôle de l'instituteur et de l'institutrice conscients de leur responsabilité envers la nation. A défaut d'autres considérations, la prudence nous commanderait de faire au patriotisme sa part. Car, ne vous fiez pas trop aux apparences, l'instinct national, cette forme collective du vouloir-vivre, est très fort dans ce pays. Si vous ne lui donnez pas les satisfactions auxquelles il a droit, il feindra de sommeiller, mais à la moindre alerte il aura des réveils terribles. Un incident de frontière, un « Fachoda » quelconque, une insulte à notre pavillon, et vos « pacifistes » de la stricte observance se transformeront en nationalistes délirants. Ils se retourneront contre leurs maîtres, et se jetteront sous la botte du premier César venu.

Pour la liberté, pour la paix, n'exagérez pas l'enseignement de la paix ; ne faites pas de la paix une idole, ni du pacifisme un culte. Avant tout, que vos élèves sentent qu'ils se doivent d'abord à leur patrie, à la France, jusqu'au sacrifice de la vie, inclusivement. Il est un bien préférable à la paix, c'est l'indépendance nationale.

Et puisque aussi bien ces articles sont le

développement de quelques phrases improvisées dans les débats passionnés d'un Congrès, je terminerai ici par la formule qui m'a servi là-bas : « Pour la patrie et pour l'humanité, par le livre, *s'il se peut*, par l'épée, *s'il le faut.* »



FIN

# TABLE DES MATIÈRES



ÉMILE COLIN ET Cie — IMPRIMERIE DE LAGNY

# BIBLIOTHÈQUE RÉPUBLICAINE

## *LA RÉPUBLIQUE ET L'ARMÉE*

**A. Aulard. — Le Patriotisme selon la Révolution française. — Une brochure 16 pages, in-16, prix, 0 fr. 20; franco, 0 fr. 25**

L'auteur montre l'évolution du patriotisme et oppose, au patriotisme agressif, haineux et conquérant de l'ancien régime, le patriotisme raisonnable, pacifique et humain de la Révolution, qui proclame l'amour de la nation en même temps que l'amour de ces biens internationaux : la Science, l'Art et la Morale.

o o

**G. Clemenceau. — Comment on soigne nos Soldats (le cas Hartmann. — L'épidémie de Rouen). — Un volume in-16, 221 pages, prix, 2 fr. 50**

M. G. Clemenceau, en faisant tout d'abord l'examen de l'épidémie de Rouen et en prenant pour exemple le cas Hartmann, c'est-à-dire la mort navrante d'un petit soldat, fait le procès de toute notre organisation militaire.

o o

**X. X. X. — Hoche et l'Armée républicaine. — Un volume in-16, 104 pages avec couverture illustrée, prix, 0 fr. 60; franco, 0 fr. 75**

L'Armée et la Révolution. — Sentiments et conduite des soldats républicains. — Hoche. — Bonaparte change l'esprit de l'armée. — La question des coups d'état militaires. — La réforme militaire à l'heure présente. — Diminution du temps de service. — La condition des officiers.

## *QUESTIONS ÉCONOMIQUES ET SOCIALES*

**Docteur Angelvin. -- La Neurasthénie, Mal social. — Un volume in-16, 116 pages, prix, 2 fr.**

Qu'est-ce que la neurasthénie ? — Ses causes physiques et morales. — Est-elle héréditaire et contagieuse ? — Traitement social, prophylactique et curatif de la neurasthénie.

o o

**A. Taillefer. — L'Alcoolisme et ses Dangers. — Un volume in-16, cart., 124 pages, prix, 1 fr. 50**

L'alcool et sa nature. — L'alcoolisme, son essence, ses causes. — Ses progrès en France, ses effets nuisibles au point de vue physiologique, moral et économique.

o o

**S. Becquerelle. — Individualisme et Solidarité. — Une brochure in-16, 104 pages, prix, 0 fr. 50**

Les méfaits de l'individualisme. — Les germes de solidarité dans le passé, comment le mouvement solidariste fut arrêté par l'esprit individualiste. — Les bienfaits de la solidarité : obstacles à son application, la solidarité physique, intellectuelle et morale est une loi nécessaire.

**Édouard CORNÉLY et Cie, Éditeurs, 101, rue de Vaugirard, PARIS**

# BIBLIOTHÈQUE RÉPUBLICAINE

## QUESTIONS ÉTRANGÈRES ET COLONIALES

PAUL VIBERT. — **La Colonisation pratique et comparée** (Tome premier). — Un volume in-8, 422 pages, prix, 8 fr.

Deux années de cours libre à la Sorbonne : moyens de se rendre aux colonies. — Mesures hygiéniques à observer. — Moyens de communications. — La main-d'œuvre aux colonies. — Respect de la liberté de conscience. — Saint-Pierre et Miquelon. — Martinique et Guadeloupe. — La Guyane. — L'Indo-Chine. — La Réunion, Madagascar. — Nouvelle-Calédonie. — Colonies de l'Afrique. — Algérie et Tunisie.

o o

PAUL VIBERT. — **La Colonisation pratique et comparée** (Tome II). — Un volume in-8, 422 pages, prix, 8 fr.

Différents modes de colonisation. — Empire anglo-indien. Les colonies de la Grande-Bretagne en Afrique, dans l'Amérique et en Océanie. — Colonies de l'Empire d'Allemagne. Les colonies de l'empire Russe. — Examen des neuf provinces russes en Asie. — Les colonies portugaises en Afrique. — Colonies du royaume des Pays-Bas en Amérique. — Colonisation officieuse de la Belgique en Afrique. — Les colonies danoises. — La colonisation italienne en Afrique. — Les colonies espagnoles en Afrique.

o o

**Le Budget et la Politique étrangère de la France** (Collection des grands débats au Parlement). — Un volume in-16, 216 pages, prix, 1 fr.

Discours prononcés à la Chambre des députés, du 19 au 29 janvier 1903, par MM. Paul Deschanel, d'Estournelles de Constant, Jean Jaurès et A. Ribot. — La Cour d'arbitrage de La Haye.

## POLITIQUE ET HISTOIRE

A. AULARD. — **Les Orateurs de la Révolution : l'Assemblée Constituante.** — Un volume in-8, avec deux portraits en héliogravure et un fac similé d'autographe, 574 pages, prix, 7 fr. 50

Mœurs parlementaires. — Mirabeau. — L'extrême-droite : Mirabeau-Tonneau, d'Eprémesnil. — La droite : l'abbé Maury, Cazalès, l'abbé de Montesquieu, le comte de Montlosier. — Le centre droit : les monarchiens ou impartiaux. — Les constitutionnels ; les légistes : Thouret, le Chapelier, Tronchet, d'André ; les ecclésiastiques : Sieyès, abbé Grégoire, Rabaut St-Etienne ; les jansénistes : Camus ; les grands seigneurs patriotes : La Rochefoucaud-Liancourt, Montmorency, Baumez, Lafayette. — Le Triumvirat : Duport, Lameth, Barnave. — L'extrême-gauche : Petion, Buzot, Robespierre.

o o

A. AULARD. — **Polémique et Histoire.** — Un volume in-16, 400 pages, prix, 3 fr. 50

Cet ouvrage se vend aussi en 3 fascicules à 1 fr. 25

I. — *Questions d'enseignement.*
II. — *Questions religieuses.*
III. — *Questions politiques, sociales et historiques.*

o o

A. AULARD et A. DEBIDOUR. — **Notions d'Histoire générale et Histoire de France depuis l'Antiquité jusqu'à nos Jours.** — Un volume in-16 cartonné illustré, de 410 pages, prix, 1 fr. 60

L'esprit de cet ouvrage est franchement démocratique et laïque. L'œuvre de raison et de justice accomplie par la Révolution française y est glorifiée comme elle mérite de l'être, et les principes sur lesquels reposent nos institutions s'y trouvent justifiés par la leçon même des événements.

**Édouard CORNÉLY et Cie, Éditeurs, 101, rue de Vaugirard, PARIS**

## BIBLIOTHÈQUE RÉPUBLICAINE

### *POLITIQUE ET HISTOIRE*

PAUL BESNARD. — **Au Pays de Sologne.** — Un volume in-16, 200 pages, couverture illustrée. prix, 2 fr.

Poésies et nouvelles écrites dans le langage du paysan du centre, qui constituent une œuvre d'observation profonde de la psychologie des Solognots et des mœurs curieuses du pays de Sologne.

○ ○

C. BOUGLÉ. — **Pour la Démocratie française** (préface de Gabriel Séailles). — Un volume in-16, 156 pages, prix, 1 fr.

La tradition nationale. — La philosophie de l'antisémitisme. — L'Armée et la Démocratie. — Intellectuels et manuels. — Civilisation et démocratie. — La poésie des temps modernes.

○ ○

C. BOUGLÉ. — **Vie spirituelle et Action sociale.** — Un volume in-16, 150 pages, prix, 1 fr.

La vie spirituelle et l'organisation économique. — L'anticléricalisme et le devoir intellectuel. — La crise du libéralisme. — La crise du patriotisme. — La paix et la femme. — Vers la joie par l'action.

○ ○

C. BOUGLÉ. — **Solidarisme et Libéralisme** (Réflexions sur le mouvement politique et l'éducation morale). Un volume in-16, 256 pages, prix, 1 fr. 50

L'évolution du solidarisme. — Le bilan du nationalisme. — Le socialisme et l'enseignement populaire. — *Pour* ou *contre* le monopole. — Attitude de l'éducateur laïque en matière de religion. — L'éducation morale et les tendances socialistes.

○ ○

LÉON BOURGEOIS et ALBERT MÉTIN. — **La Déclaration des Droits de l'Homme et du Citoyen,** expliquée et accompagnée de lectures. — Une brochure in-16, 96 pages, prix, 0 fr. 40; franco, 0 fr. 50

Avant la déclaration; les privilèges. — La Déclaration des Etats-Unis de 1776 et la Déclaration de 1789. — Les droits de l'homme depuis la Révolution. — La Déclaration; Lectures empruntées à des auteurs du dix-huitième siècle, Madame Roland, Jean-Jacques Rousseau, Diderot, Montesquieu, Voltaire, etc.

○ ○

CH.-LOUIS CHASSIN. — **Félicien, Souvenirs d'un Étudiant de 48.** — Un volume in-16, 352 pages, couverture illustrée, prix, 3 fr. 50

L'auteur, — bien connu par ses travaux sur la Révolution et sur la Vendée, — retrace sa propre jeunesse, à Nantes puis à Paris, illuminée par la proclamation de la République, puis aux prises avec les dures réalités de la vie, mais enfiévrée et soutenue par une foi dans l'avenir que le coup d'Etat lui-même ne peut abattre. Ici, de graves ou caractéristiques événements, la journée du 13 juin, la manifestation des Écoles contre la fermeture du cours de Michelet, l'emprisonnement de l'auteur à Mazas; là, de gais tableaux de la vie d'étudiant, sans détail choquant, ni vulgaire; partout, la passion de la justice, de la liberté, de la patrie.

○ ○

PAUL DESACHY. — **Bibliographie de l'Affaire Dreyfus.** — Un volume in-8, 80 pages, prix, 1 fr.

Liste complète des brochures, livres, publications périodiques et volumes publiés en France et à l'étranger se rapportant à l'affaire Dreyfus.

Édouard CORNÉLY et Cie, Éditeurs, 101, rue de Vaugirard, PARIS

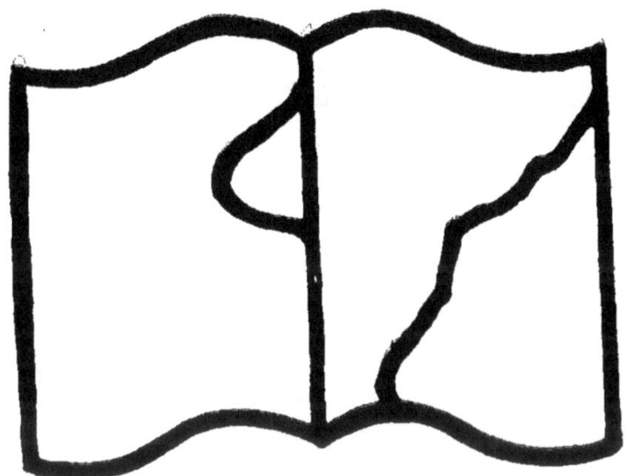

www.ingramcontent.com/pod-product-compliance
Ingram Content Group UK Ltd.
Pitfield, Milton Keynes, MK11 3LW, UK
UKHW021554260726
13993UKWH00002B/831

9 782019 981396